40648

LA GRANDE GALERIE DE VERSAILLES,

ET

LES DEUX SALONS

QUI L'ACCOMPAGNENT,

PEINTS

Par CHARLES LE BRUN *premier Peintre de* LOUIS XIV,

DESSINÉS

Par JEAN-BAPTISTE MASSÉ Peintre & Conseiller de l'Académie Royale de Peinture & Sculpture;

ET

Gravés sous ses yeux par les meilleurs Maîtres du tems.

A PARIS.

M. DCC. LIII.
Se vend chez la Veuve AMAULRY, au Palais.

AVERTISSEMENT.

CHARLES LE BRUN, ce grand Peintre, dont le nom seul est devenu un éloge, consacra les dix plus belles années de sa vie, à peindre la Galerie de Versailles & les deux salons qui l'accompagnent.

Les Tableaux dont cette Galerie est ornée, contiennent la plus brillante partie de l'Histoire de Louis XIV, c'est-à-dire, depuis 1661 qu'il prit en main les rênes du gouvernement, jusqu'en 1678 qu'il borna le cours de ses exploits par une Paix plus glorieuse encore.

Le zèle & la reconnoissance de le Brun, pour un Prince qui ne cessoit de le combler de bienfaits, l'élevèrent en quelque sorte au-dessus de lui-même. Il répandit dans cet ouvrage, toute la variété, toute la noblesse des pensées & des expressions

AVERTISSEMENT.

qui caractérisent un Poëme héroïque ; & le Roi frappé de l'effet de ses premiers Tableaux, se proposa dès-lors de les faire graver successivement, pour en former un recueil qu'il pût donner aux Princes, aux Ministres étrangers, & aux personnes distinguées qu'il voudroit honorer d'une marque particuliere de sa bienveillance.

Dans cette vûe, M. Colbert commença par charger Charles Simonneau de graver celui de ces Tableaux dont le sujet est la seconde conquête de la Franche-Comté ; mais la planche n'ayant pû être finie qu'en 1688, cinq ans après la mort du Ministre, le malheur des guerres qui suivirent immédiatement, fit oublier, pour ne pas dire abandonner totalement, une entreprise aussi honorable pour la Nation, qu'elle auroit été utile au progrès des Arts : quelle apparence qu'un simple particulier osât jamais s'en charger !

Je l'avouerai cependant, j'eus l'heureu-

AVERTISSEMENT.

le témérité de former ce projet en 1723, & M. le Duc d'Antin à qui je le communiquai, réchauffant mon courage par tout ce que les éloges ont de plus flatteur dans la bouche des Grands, me remit peu de jours après un brevet du Roi, qui m'autorisoit à élever dans les appartemens de Versailles, les échaffauts dont j'aurois besoin pour mon opération.

Huit années me suffirent à peine pour terminer les desseins. On ne prévoit point, & il est bon que cela soit ainsi, on ne prévoit point, dis-je, ce qu'il en coûte de temps, de soins & de peines pour dessiner dans une attitude contrainte, des plafonds où le Dessinateur n'est éclairé que par des jours de reflet. La seule circonstance qui m'aidoit à soûtenir un travail si pénible, c'est que le Roi l'honoroit souvent de ses regards, & en paroissoit toûjours satisfait.

Les gravûres ont eu des inconvéniens d'une autre espéce, & elles ont emporté

a ij.

un espace de plus de vingt années, sans qu'il y ait lieu de s'en étonner, si on considère, premièrement, qu'on s'est assujéti à graver tout au miroir, pour rendre les actions à droite comme elles sont dans les Tableaux; ce qui, à la vérité, est d'une longueur infinie, mais qui a paru absolument nécessaire pour la fidélité de la représentation, & pour la beauté des estampes. En second lieu, que n'ayant voulu confier l'exécution d'un pareil ouvrage qu'à des Graveurs d'une habileté reconnue, ceux qui jouissoient déjà d'une grande réputation étant aussi fort avancés dans leur carrière, ils ont dans cet intervalle payé à la Nature le tribut dont nul talent ne peut affranchir; que ceux qui les suivoient de près, se sont insensiblement trouvés hors de combat par l'âge qui les a gagnés, ou par les infirmités qui leur sont survenues; que d'autres enfin, éblouis par les avantages qu'on leur faisoit espérer dans les pays étrangers, sont allés s'y établir.

AVERTISSEMENT.

Je m'arrache au détail de ces fatalités presque toujours inséparables des grandes entreprises, pour témoigner publiquement que je dois une partie de la réussite de celle-ci, aux soins obligeans de Messieurs Galoche, Boucher, Natoire & Bouchardon, & sur-tout de feu M. le Moyne que je voudrois pouvoir immortaliser par ma reconnoissance, comme il s'est immortalisé lui-même par les chef-d'œuvres qui sont sortis de ses mains.

Je ne suis pas moins empressé de publier que l'amour des beaux Arts qui animoit le ministère de M. de Tournehem, & qui distingue également celui de M. de Vandière son digne successeur, m'a fait trouver dans les bontés du Roi, les derniers secours dont j'avois besoin pour mettre ce recueil au jour ; & que ce qui me flatte le plus dans le succès de mon entreprise, c'est qu'indépendamment de l'avantage qu'elle me procure de transmettre à la postérité une juste idée de la grandeur de nos

AVERTISSEMENT.

Rois, elle a servi dans le temps, à entretenir en France nombre d'excellens Artistes, à y soûtenir le bon goût de la Gravûre, & à lui assurer en ce genre la même prééminence que la Peinture & la Sculpture lui donnent sur toutes les Nations.

LA GRANDE
GALERIE DE VERSAILLES
ET
LES DEUX SALONS
QUI L'ACCOMPAGNENT.

N°. I.

Galerie de Versailles en général.

LA Galerie de Versailles a trente-sept toises & un pied de longueur en dedans, sur cinq toises deux pieds de largeur, sans parler des deux Salons qui sont aux extrémités, & avec lesquels elle occupe toute la façade de l'avant-corps du château sur le jardin.

Elle est d'Ordre Composite, & l'ordon-

A iv

nance de l'architecture est réglée par dix-sept grandes fenêtres cintrées, qui répondent à autant d'arcades de la même grandeur, remplies de glaces de miroir; les unes & les autres séparées de chaque côté par vingt-quatre Pilastres, & ornées de deux Statues antiques placées dans des niches. Les deux fonds sont composés chacun d'une grande arcade accompagnée de deux colonnes, de six Pilastres & de deux Statues antiques posées sur des piédestaux en saillie : & de ces arcades, l'une sert d'entrée au Salon, qu'on appelle le Salon de la Guerre, du côté des appartemens du Roi; l'autre au Salon de la Paix, vers les appartemens de la Reine.

Toute cette architecture est de marbre de différentes couleurs, à l'exception des bases & des chapiteaux qui sont de bronze doré, aussi-bien que les Trophées, les Peaux de Lion, les Festons, les Soleils, & les Roses, qui ornent les arcades & les entre-deux des Pilastres.

Au dessus de l'entablement, il y a des Cartouches & des Trophées de différentes figures, servant de couronnement aux arcades. Dans les Cartouches qui sont au dessous des grands Tableaux de la voûte,

& accompagnés de deux Griffons ou de deux Sphinx, on lit des inscriptions qui en indiquent le sujet. Les Trophées sont soutenus par des enfans qui tiennent des guirlandes ; & ces ornemens sont de stuc doré, aussi-bien que l'entablement.

Toute la Galerie est voûtée d'un berceau en plein cintre, enrichi d'une composition d'architecture en perspective, de divers marbres, avec des compartimens d'or ; & c'est-là que M. le Brun a représenté, en neuf grands Tableaux, & en dix-huit petits, une partie de l'Histoire de Louis XIV. Sept grands Tableaux, de différentes formes, partagent la longueur de la Galerie ; & il y en a deux dans les fonds, qui se communiquent à une portion de la voûte, par des draperies & par des nuages.

Sous les deux Tableaux des extrémités on a peint, vers le Salon de la Guerre, dans les ouvertures de l'architecture feinte, de grands tapis de velours où sont tissus les Trophées des premiéres Campagnes du Roi, & que des Victoires & des Satyres détachent, comme pour faire place aux Trophées de ses derniéres Conquêtes. Du côté du Salon de la Paix, les tapis ne paroissent plus; & les Victoires y ont déjà placé des Trophées que de jeunes Amours attachent avec des festons de fleurs, tandis que d'autres Victoires élèvent des Étendards & tracent des Inscriptions sur l'airain. Les bordures de tous ces Tableaux sont de stuc doré, avec des ornemens qui ont rapport aux sujets.

L'Estampe qui représente l'ensemble de cette Galerie, a paru d'autant plus nécessaire à la tête de l'Ouvrage, qu'elle rend le dessein général de la composition de M. le Brun; qu'elle donne une idée exacte du lieu; & que non-seulement elle fait sentir le rapport de l'architecture avec les morceaux de peinture qui décorent le Plafond, mais encore la nécessité où l'on s'est trouvé de couper à la voûte, les trois principaux Tableaux qui la traversent, comme on le verra dans les six numéros suivans. On a mis au bas de cette planche, une échelle pour indiquer la grandeur de chaque Tableau en particulier.

Le Peintre ne s'étant point du tout assujéti à l'ordre des temps, dans la place, ni dans l'étendue qu'il a donnée à ses Tableaux historiques & allégoriques des principaux évènemens du règne de Louis XIV, paroissant, au contraire, ne les avoir mesurés qu'à la grandeur des sujets, & ne les avoir distribués que conformément au plus ou au moins d'effet que leur mélange pouvoit produire, on a été obligé de suivre sa disposition dans des Estampes destinées à rendre fidèlement aux amateurs de la Peinture, un morceau si précieux : ceux qui voudront le rappeller servilement à l'ordre des dates, seront cependant encore à portée de le faire, en les recherchant au bas de chaque Tableau, où elles sont exactement rapportées.

N°. II.

Le Roi gouverne par lui-même.
1661.

CE fut au milieu des plaisirs & dans le sein de la Paix, que Louis XIV forma la résolution de gouverner par lui-même. Ce sujet que M. le Brun a placé au milieu de la Galerie, forme le plus grand des Tableaux qui la composent; & il en doit être regardé comme le pre-

6　LA GRANDE GALERIE
mier, puisqu'il renferme l'origine de toutes les belles actions qui sont représentées dans les autres. Le Roi y est peint dans la fleur de sa jeunesse, assis sur un trône couvert d'un pavillon magnifique, la main droite posée sur un timon de navire; les Graces qui l'accompagnent, lui forment des guirlandes & des couronnes, avec les fleurs qu'un jeune Amour leur présente: l'Hyménée est auprès d'elles, tenant son flambeau, pour montrer qu'on étoit encore dans les réjouissances du mariage de Sa Majesté; il semble que l'enfant qui est aux pieds du Prince, désigne le Génie de la Peinture, qui essaye avec le crayon, les premiers traits des tableaux qui doivent représenter ses actions. Au même endroit, on voit la Tranquillité, sous la figure d'une femme assise & couronnée de roses, qui appuye négligemment sa tête sur une de ses mains: elle tient de l'autre une grenade, symbole de l'union des peuples sous l'autorité souveraine. La France, pour marque de son état paisible, tient une branche d'olivier, & s'appuye sur un bouclier, dont le poids écrase la Discorde. La Seine est couchée sur son urne, d'où sortent avec ses flots

des fleurs & des fruits qui indiquent la beauté & la fertilité des Provinces qu'elle arrose. Le bas du Tableau est rempli par divers Génies, symboles des plaisirs, tels que le bal, la musique, la chasse, les fêtes, les carousels, & autres divertissemens de la Cour. Dans les traits & dans l'attitude du Roi, tout marque l'ardeur dont il est transporté à l'aspect de la Gloire qui se présente à lui, & fait briller à ses yeux une couronne d'or enrichie d'étoiles. Minerve est à côté du trône, avec son bouclier de cristal qui réfléchit l'image du Prince; Mars, Dieu de la valeur, est un peu au dessus; & l'un & l'autre lui montrant la couronne qui est entre les mains de la Gloire, lui font entendre qu'elle ne peut être le prix que de sa sagesse & de son courage. Le Temps lève un des coins du pavillon, comme pour annoncer qu'il s'apprête à découvrir les grandes actions que cet objet va faire éclorre; & les Dieux, qui regardent le jeune Monarque, semblent tous s'intéresser à ses succès.

On verra sous le Numéro suivant, l'explication de l'autre partie de ce Tableau, qu'on a été obligé de couper,

LA GRANDE GALERIE
parce qu'elle est d'une composition toute différente, & que si on les avoit jointes, les objets se seroient trouvés renversés dans l'un ou dans l'autre, comme il est aisé de s'en convaincre par l'inspection de l'ensemble de la Galerie, placé à la tête de l'ouvrage, N°. I.

N°. III.

Faste des Puissances voisines de la France.

DANS ce morceau qui, comme on l'a dit, fait partie du Tableau précédent, Mercure paroît annoncer à l'Allemagne, à l'Espagne & à la Hollande, que Louis XIV va gouverner par lui-même. Ces Puissances sont représentées avec une contenance fière, sous la figure de trois femmes superbement vêtues. L'Allemagne est au dessus des deux autres, assise sur un nuage; on la reconnoît à l'aigle & à la couronne impériale. A sa droite est l'Espagne assise sur un lion, qui dévore un Roi des Indes étendu sur ses trésors: elle en écrase un autre sous le poids de ses richesses ; & l'ambition représentée au dessus, tient d'une main un flambeau avec lequel elle met le feu à des Palais, tandis que de l'autre elle arrache la couronne à un Roi déjà terrassé. A sa gauche & un peu plus bas, on voit la Hollande appuyée de même sur un lion, tenant les sept flèches qui sont le symbole des sept Provinces-unies : elle est armée d'un trident ; & pour exprimer encore plus poëtiquement combien elle s'étoit rendue puissante sur mer, elle tient Thétis enchaînée : les ballots qui sont à ses pieds, & ses vaisseaux qu'on voit dans le lointain, marquent son application au commerce.

N°. IV.

Passage du Rhin en présence des Ennemis.

1672.

LE dessein du Peintre n'a pas été de représenter simplement ce fameux passage qui consterna la Hollande, il a aussi voulu indiquer les conquêtes qui le précédèrent, une partie des progrès dont il fut suivi, & l'étonnement qu'il causa à toute l'Europe. Dans cette vûe, il a peint le Roi dans un char de Victoire, tiré par deux chevaux qui semblent voler; il tient la foudre à la main, & l'impétuosité de sa course est encore marquée par l'agitation de ses cheveux que le vent rejette en arriére. La Gloire & Minerve volent devant le char, & Hercule qui le suit, paroît le pousser par-dessus les flots. L'Espagne qui s'avance couverte d'un masque, voudroit arrêter le Vainqueur; mais, au lieu de saisir les rênes des chevaux, elle ne peut s'attacher qu'à un des traits qui l'entraîne elle-même. Le Rhin qui se reposoit sur son urne, se relève épouvanté de la prodigieuse vîtesse avec laquelle il voit le Monarque traversant ses flots; & d'effroi, il laisse tomber son gouvernail. Cependant le char avance, & un amas confus d'hommes & de femmes renversés sous les pieds des chevaux, sont le symbole des obstacles que le Roi avoit déja surmontés, & des villes qu'il avoit prises. La Hollande portée sur le lion de ses armes, se présente elle-même au devant

du

du char, l'épée à la main, & n'oppose pour toute défense, qu'un bouclier sur lequel on voit tracés les restes de cette Inscription fastueuse qui avoit révolté la plûpart des Souverains. Mais la frayeur est peinte sur son visage; elle ne peut soûtenir les regards du Vainqueur; son abaissement est marqué par une figure qui a les aîles à moitié coupées, & qui laisse échapper une couronne qui semble tomber hors du Tableau : le désordre de son commerce est exprimé par un homme renversé entre des ballots de marchandises, tenant un livre de compte tout brouillé, & ayant de l'argent répandu à ses pieds ; la diminution de ses forces maritimes, par un Matelot qui tombe la tête la premiére auprès d'une ancre ; & la consternation de ses peuples, par les Magistrats des villes qui s'empressent d'en apporter les clefs. Le haut du Tableau est occupé par différentes Victoires, entre lesquelles on en distingue une qui tient quatre couronnes murales, comme ayant présidé aux quatre siéges qui ont servi de prélude à la Campagne. Il y en a encore une autre qui se fait remarquer à l'extrémité du Tableau, parce qu'elle porte un étendard sur lequel est écrit le nom

B

LA GRANDE GALERIE de *Tolhuis*, qui est l'endroit où les François passèrent le Rhin.

━━━━━━━━━━━━━━━━

No. V.

Le Roi prend Mastricht en treize jours.

1673.

CE Tableau, qui fait en quelque sorte partie du précédent, & qui occupe l'autre côté du cintre, représente la prise de Mastricht sous la figure d'une femme tombant avec son épée qu'elle tient encore à la main, & à qui le Dieu Mars enlève le bouclier sur lequel son nom est écrit. Au-dessus de ces deux figures, on voit différentes Victoires qui tiennent d'autres boucliers aux armes ou avec le nom des villes prises après le passage du Rhin, comme Zutphen, Nimégue, Utrecht, &c. L'Europe peinte au même endroit, regarde avec étonnement toutes ces merveilles ; sa couronne tombe sur ses genoux, elle a peine à retenir son cheval effrayé : les instrumens des Arts, les fleurs & les fruits qui sont ses symboles ordinaires, échappent de ses mains, & vont enrichir le bas du Tableau. Sa surprise enfin se communique jusqu'aux peuples du nouveau Monde qui paroissent dans l'éloignement, & qui, peu de temps après, furent eux-mêmes témoins des avantages que les armes du Roi remportèrent près de leurs Isles, particulièrement à la Martinique, sur la flotte & les Troupes de Hollande.

N°. VI.

Prise de la ville & de la citadelle de Gand en six jours.

1678.

LA noblesse de l'expression répond dans ce Tableau, à la grandeur du sujet qui y est traité. On sait avec quelle promptitude & quelle habileté dans l'art de la Guerre, Louis XIV se rendit maître de Gand, lorsqu'au milieu de l'hiver, ayant pris sa marche par la Lorraine pour mieux couvrir ses desseins, il parut tout-à-coup devant cette grande ville, que soixante mille hommes arrivés par des routes différentes venoient d'inveſtir. Le Roi porté par un Aigle au deſſus d'un gros nuage entrecoupé de ſillons de feu, tient d'une main la Foudre, & de l'autre la redoutable Égide ; la Vigilance & le Secret marchent à ſes côtés, & la Gloire vole au deſſus de lui. La terreur qui le ſuit eſt exprimée par une femme aîlée & coëffée d'un muſle de lion, & qui ſonnant de la trompette, va répandre partout l'alarme & l'épouvante. La ville d'Ypres qui eſt au-deſſous, en paroît ſaiſie d'effroi ; & la Flandre repréſentée ſous la figure d'une femme affligée, lève dans ſa ſurpriſe une longue mante, qui, à la manière du pays, la couvroit de la tête aux pieds. Près d'elle eſt la ville de Gand en pleurs, figurée comme dans l'écuſſon de ſes armes, par une jeune fille aſſiſe dans une eſpèce de parc d'oſier, & ſur les genoux de laquelle un lion met les pattes de devant : Son parc eſt briſé en pluſieurs endroits, & elle tient des clefs que Minerve lui arrache d'une main, tandis que de l'autre, elle lui enlève le fameux étendard, ſous lequel cette ville mettoit autrefois juſqu'à ſoixante mille hommes en campagne. Au bas de ce Tableau, le Peintre a représenté la ville de Valenciennes abattue sur le bouclier de ses armes, & appuyée sur le corps d'un Soldat étendu sur la poussière. Près de là, est un char de triomphe auquel la ville de Cambrai est attachée, ainsi que d'autres femmes qui désignent des conquêtes moins importantes. Mars chasse la Discorde, l'envie & la fureur, pour montrer que ce fut la prise de Gand qui força les Ennemis à faire la Paix.

N°. VII.

Mesures des Espagnols rompues par la prise de Gand.

C'EST encore ici un Tableau qui fait partie du précédent. La Renommée tenant deux trompettes, annonce à l'Espagne la prise de Gand, qui achève d'étonner les ennemis & de rompre leurs mesures. Le premier de ces effets est marqué par un homme ébloui qui met la main devant ses yeux; le second, par une femme qui tient un compas démonté, &

qui a près d'elle une règle rompue. L'Espagne, avec les ornemens de la Royauté, le Sceptre & le Manteau de pourpre, paroît abattue par ce coup imprévû; elle tombe sur son Lion qui baisse la tête; elle a derrière elle un Léopard, & à ses pieds le livre de Machiavel, deux symboles d'une cruelle & dangereuse politique: enfin, le mauvais état de ses armées & de ses places est exprimé, tant par un Soldat couché que par d'autres qui fuient, & par un château foudroyé.

De l'autre côté de ce même morceau, on voit les deux colonnes d'Hercule que Charles-Quint prit autrefois pour sa devise, avec cette inscription fastueuse: *Plus outre*. Elles s'ébranlent & paroissent prêtes à tomber, tandis que l'Aigle de l'Empire posé sur ces colonnes, regarde la foudre & semble la braver.

N° VIII.

Résolution prise de faire la guerre aux Hollandois.

1671.

LE Roi ne pouvant plus diffimuler fon juste ressentiment du procédé des Hollandois, résolut de porter ses armes au sein de leur République; & c'est le sujet de ce Tableau allégorique. Louis XIV. y est représenté assis sur son Trône, délibérant avec la Déesse de la Justice & celle de la Prudence, sur le parti qu'il doit prendre. Minerve expose à ses yeux, dans un morceau de tapisserie, une image des maux & des fatigues de la guerre; elle lui fait voir dans un endroit des hommes noyés; dans un autre, des Soldats morts ou mourans de faim & de misère; ici l'air tout en feu; là des arbres tout dépouillés de feuilles & couverts de frimats; l'hiver enfin, sous la figure d'un vieillard qui serre entre ses bras un Soldat gelé. Plus loin, au milieu d'un champ aride, elle lui montre l'Envie avec ses serpens, accompagnée d'un Aigle & d'un Lion, pour faire entendre à ce Prince, quels froids, quelles chaleurs, quels travaux il aura à essuyer pendant le cours de cette expédition, & les obstacles que lui susciteront l'Allemagne & l'Espagne jalouses de ses conquêtes. La Justice qui préside à ce conseil est au milieu du Tableau, derrière le Trône : l'épée qu'elle tient marque assez qu'elle opine à la guerre ; & Mars, pour y déterminer le Roi, l'invite à monter dans un char de triomphe qu'il lui a préparé, en lui montrant pour garants d'un heureux succès, des trophées d'armes & des boucliers épars, où sont écrits les noms des villes qu'il avoit conquises en Flandre quatre ans auparavant. La Victoire prête à couronner le Vainqueur, est auprès du char, de même que la Renommée, qui, la trompette à la main, se prépare à publier sa gloire. Le Lion de la Hollande semble ressentir déjà les suites de cette délibération ; son air abattu & sa posture humiliée paroissent annoncer les malheurs dont cette République étoit ménacée.

N°. IX.

Le Roi arme sur terre & sur mer.

1672.

LE Prince debout au milieu du Tableau, donne ses ordres de tous côtés. La prévoyance est auprès de lui assise sur un nuage, tenant à la main un compas & un livre ouvert, pour marquer qu'il prend de justes mesures, qu'il ne fait rien qu'en grande connoissance de cause, & après une mûre délibération. Neptune dans un char traîné par des chevaux marins, & suivi d'une troupe de Tritons, présente au Roi son Trident, & semble lui offrir l'Empire de la mer; il lui montre des vaisseaux prêts à faire voile, & grand nombre d'autres qu'on équipe. De l'autre côté du Tableau, on voit Mars qui lui amène des Officiers & des Soldats; Mercure lui fait présent d'un riche bouclier; Vulcain lui donne une cuirasse & des faisceaux d'armes portés par un Cyclope; Minerve qui est au-dessus du Roi, tient un casque d'or qu'elle va mettre sur sa tête; Apollon Dieu des Arts, fait élever des forteresses; & derrière lui Pluton, que beaucoup de Mythologues confondent avec Plutus Dieu des Richesses, a déja répandu aux pieds de ce Prince ses trésors, où l'on voit, parmi des instrumens & des machines de guerre, des vases remplis de toutes sortes d'espéces d'Or & d'Argent; Cérès suivie de l'Abondance, laisse son char traîné par des Dragons; & vient, la faucille à la main, lui offrir tout ce qui est nécessaire pour la subsistance de ses armées. La Vigilance qui préside à cette entreprise, est peinte dans la partie la plus élevée du Tableau, avec des aîles, tenant d'une main une Horloge de sable, & de l'autre un Coq & un Éperon, symboles de l'Activité.

N° X.

Le Roi donne ses ordres pour attaquer en même temps quatre des plus fortes Places de la Hollande.

1672.

LE Roi ayant auprès de lui le Duc d'Orléans son frere, le Prince de Condé & le Vicomte de Turenne, leur communique le dessein qu'il a formé d'ouvrir la campagne par l'attaque de quatre Places importantes, Wesel, Burich, Orsoi & Rimberg, qu'il prétend assiéger en même temps. Le nom de ces Places est écrit sur le plan que Minerve en a tracé, & qu'étend un Génie aîlé, couronné de laurier. Par ce Génie, ou jeune enfant aîlé, le Peintre a voulu exprimer l'amour de la Gloire, qu'on voit elle-même toute brillante au-dessus du Roi, lui indiquer le chemin des conquêtes. La Prévoyance, un compas à la main, est assise derriere lui; la Vigilance & la Victoire planent dans les airs; Mars, par les Fleurs de Lys qu'il porte sur son bouclier, paroît entièrement déclaré pour la France. Le Dieu du Secret est désigné par le jeune homme qui, tenant le casque & le sceau du Prince, pose un doigt sur la bouche ; il a un sphinx sur la tête, un bandeau d'or sur le front, & il est placé très-près du Roi, pour montrer qu'il l'accompagne dans toutes ses entreprises. Dans le fond du Tableau, on voit un camp où tout est en mouvement, les Soldats s'empressant de prendre leurs armes, & n'attendant que l'ordre de partir.

N° XI.

La Franche-Comté conquise pour la seconde fois.

1674.

LE Roi qui, en 1668, avoit déja conquis la Franche-Comté, l'avoit aussi rendue la même année aux Espagnols par le Traité d'Aix-la-Chapelle : mais ces mêmes Espagnols lui ayant déclaré la guerre, il en entreprit de nouveau la conquête, & il la fit en moins de trois mois, malgré une infinité d'obstacles qui paroissoient insurmontables ; c'est aussi ce que le Peintre a voulu exprimer en représentant le Dieu Mars qui amène aux pieds de Louis XIV. la Franche-Comté & ses villes, figurées par des femmes en pleurs avec leurs enfans. Le Doux qui coule à Besançon capitale de la Province, effrayé à la vûe des trophées que la Victoire attache à un palmier, est aux pieds du Roi dont il tient le manteau, comme pour implorer sa clémence & se soumettre à sa domination. Hercule, symbole de la Force & de la Vertu héroïque, monte sur un rocher, où Minerve, qui est à côté de lui, semble le conduire, & sur lequel on voit avec des Guerriers un Lion furieux : le Lion représente l'Espagne, & le rocher la Citadelle de Besançon ; les Soldats commis à sa défense tombent ou fuient de toutes parts ; le Ciel est entiérement couvert de nuages, au travers desquels on entrevoit les Signes des Poissons, du Bélier & du Taureau, qui désignent les mois où se fit cette expédition : les Vents y soufflent un air noir & pluvieux, & l'Hiver, sous la figure d'un vieillard, y répand à pleines mains, la grêle, la neige & les frimats. Les vains efforts que fit l'Allemagne pour empêcher cette conquête, sont marqués par un grand Aigle perché sur un arbre sec, où il crie & bat des aîles. La Renommée qui vole au-dessus du Roi, tient deux trompettes, pour montrer qu'il a conquis deux fois cette Province ; & la Gloire, une couronne à la main, paroît plus haut près d'un nuage, qui ne sert qu'à la rendre plus brillante, & à faire rejaillir sur le Vainqueur l'éclat dont elle est environnée.

N° XII.

CE Numéro & les deux suivans, comprennent six Camayeux rangés au bandeau de la voûte de la Galerie, dans l'architecture feinte : ils sont peints en couleur de lapis sur un fond d'or ; en manière de bas reliefs renfermés dans des bordures octogones ; & on les a tirés deux à deux sur chaque feuille ; parce qu'un seul ne l'auroit pas assez remplie. Le sujet du premier est

De Versailles.

La fureur des Duels arrêtée.

1662.

ON y voit la Justice qui, tenant d'une main sa balance & son épée, sépare de l'autre des combattans acharnés, & semble les menacer de toute la sévérité des Édits du Prince, qui ne laissent plus d'espérance à l'impunité. Un de ces transgresseurs est étendu mort sur la poussiére, un autre prend la fuite ; & le supplice de celui dont on s'est saisi, est indiqué par la hache que tient le Licteur qui le traîne dans une prison.

Le sujet du second Camayeu est

Le soulagement du Peuple pendant la famine.

1662.

LA piété, l'attention & l'extrême tendresse du Roi pour ses Peuples, sont exprimées dans ce Tableau, sous l'emblême d'une femme qui a des aîles, & une flamme de feu sur la tête ; d'une main elle tient une corne d'abondance, & de l'autre elle diftribue du pain à des perfonnes de tout âge & de tout fexe, qui viennent implorer fon fecours.

N° XIII.

Guerre contre l'Efpagne pour les droits de la Reine.

1667.

Louis XIV. eft repréfenté de bout, un bâton de commandement à la main, & allant fe mettre à la tête de fon armée qui eft déja en marche. La Juftice & l'Hymenée l'accompagnent, pour marquer qu'il ne demande rien que de légitime: Mars le précéde; & la Renommée qui vole au-deffus de lui, tenant d'une main fa trompette, & de l'autre un rouleau de papier, fait allufion aux Manifeftes publiés en ce temps-là, pour la défenfe des droits de la Reine.

La Paix d'Aix-la-Chapelle.

1668.

LA Guerre entreprise pour les droits de la Reine, fut terminée par la Paix d'Aix-la-Chapelle, où Louis XIV. ne se réservant que les conquêtes qu'il avoit faites dans les Pays-bas, rendit aux Espagnols la Franche-Comté, qu'il avoit subjuguée en moins d'un mois; c'est le sujet de ce Tableau. Le Prince de bout y présente un rameau d'olivier à l'Espagne, qui le reçoit avec reconnoissance. D'un autre côté, la Franche-Comté personnifiée sous la figure d'une femme à genoux sur un monceau d'armes, tient la main du Vainqueur; & déjà accoutumée au gouvernement François, semble regretter d'en avoir trop peu joui. Le Peintre a placé dans les airs une Victoire qui couronne le Héros, & une Renommée avec deux trompettes, pour publier sa conquête & sa modération.

N° XIV.

L'acquisition de Dunkerque.
1662.

La France assise sur un trône fait compter à l'Angleterre, qui est auprès d'elle, les sommes d'argent dont on étoit convenu pour l'acquisition de Dunkerque ; & cette ville prosternée au pied du trône, remet ses clefs à la France qui lui tend la main, & qui semble la retirer des bras de l'Hérésie, peinte au même endroit avec un bandeau sur les yeux, & couchée sur un amas confus de livres de sa doctrine.

Police & Sûreté établies dans Paris.
1665.

La principale figure de ce Tableau est celle de la Justice assise sur son trône, & reconnoissable à ses attributs, qui sont la balance & l'épée. Près d'elle est la Sûreté, personnifiée sous la figure d'une femme, qui tient d'une main sa bourse

DE VERSAILLES. 29

toute ouverte, & s'appuie de l'autre sur un faisceau d'armes. De l'autre côté, on voit une troupe de Soldats armés, faisant leur ronde, & dont quelques-uns poursuivent des Perturbateurs du repos public.

N.° XV.

CE Numéro & les onze suivans, comprennent douze Médaillons ovales de différentes grandeurs, placés sur les retombées ou courbures de la voûte de la Galerie. Ils ont en maniere de supports, des Termes rehaussés d'or, & sont comme enclavés dans des fonds d'Architecture, dont la base est ornée de guirlandes, & le fronton enrichi de figures d'enfans, de masques, de corbeilles de fleurs & de fruits, & de divers autres accompagnemens que le premier coup d'œil expliquera encore mieux que ne pourroient faire les descriptions les plus détaillées.

Le Peintre a pris pour sujet du premier de ces Médaillons,

C ij

Les Ambassades envoyées des extrémités de la Terre.

IL y a représenté la France debout, la couronne sur la tête, tenant d'une main son sceptre, & s'appuyant de l'autre sur le bouclier de ses armes: en cet état elle reçoit divers Ambassadeurs des pays les plus éloignés, tels que celui du Grand-Seigneur, du Roi de Maroc & du Czar, tous reconnoissables à leur habillement & à leur coëffure; & le Peintre a heureusement exprimé sur ces visages tous différens, un même sentiment de respect & d'admiration pour la grandeur & la majesté de la France, & pour les vertus de son Monarque.

N° XVI.

Jonction des deux Mers.

1667.

L'Exécution de ce grand dessein est exprimée par l'emblême de Neptune & de Thétis qui se donnent la main, l'un représentant l'Océan, l'autre la Mer Méditerranée : Neptune a derrière lui une Baleine, parce qu'il ne s'en trouve que dans l'Océan, & Thétis tient une Rame pour symbole de la Navigation qui convient le mieux à la Méditerranée.

N°. XVII.

La prééminence de la France reconnue par l'Espagne.

1662.

A l'entrée que fit à Londres le Comte de Brahé Ambassadeur de Suéde, celui d'Espagne avoit, par surprise & par violence, fait passer ses carosses avant ceux de l'Ambassadeur de France. Louis XIV demanda raison de cette entreprise, & le Roi d'Espagne en prévint les suites par une satisfaction authentique : il envoya en France un Ambassadeur extraordinaire, pour faire au Roi des excuses d'un procédé si contraire à ses intentions, & lui déclarer, en présence du Nonce du Pape, des autres Ministres étrangers, & de

32 La Grande Galerie,
toute la Cour, qu'il avoit défendu à tous
ses Ambassadeurs de disputer jamais le pas
à ceux de Sa Majesté.

C'est le sujet de ce Médaillon. La France & l'Espagne y sont représentées sous la figure de deux Femmes reconnoissables à leurs attributs, l'Espagne dans l'attitude d'une personne qui fait des excuses, & dont le Lion, qui est son symbole, se couche aux pieds de la France, qui a près d'elle la Justice debout, & tenant ses balances en équilibre, pour marquer qu'elle préside à cette action.

N°. XVIII.

Renouvellement d'Alliance avec les Suisses.

1663.

L'Union de la France avec le corps Helvétique avoit été soigneusement entretenue depuis plus de trois siècles, & le dernier traité étant expiré, les louables Cantons envoyèrent une célèbre ambassade pour le renouveller. Le Peintre en a fait le sujet de ce Médaillon, où il a représenté la France debout, revêtue du Manteau royal, la Couronne fur la tête s'appuyant d'une main fur le bouclier de fes armes, & tenant de l'autre celle des Ambaffadeurs Suiffes.

N°. XIX.

Réparation de l'attentat des Corfes.

1664.

LEs Corfes de la garde du Pape ayant infulté cruellement l'Ambaffadeur de France, Louis XIV réfolut de venger avec éclat le droit des gens, violé en la perfonne de fon Miniftre ; mais Alexandre VII prévint les fuites d'un fi jufte reffentiment, en acceptant toutes les conditions que le Roi avoit d'abord propofées pour la réparation de cet attentat : les principales étoient que les Corfes feroient chaffés de Rome & de tout l'État Eccléfiaftique ; que la Nation feroit déclarée incapable de fervir jamais le Saint Siége ; & qu'en face de leur ancien corps-de-garde on éleveroit une pyramide, fur laquelle feroit gravé le décret de leur condamnation. C'est ce qui a donné lieu au Peintre de représenter dans ce Médaillon la France montrant le dessein de cette pyramide à la ville de Rome, qui paroît consentir avec plaisir à l'élévation de ce monument.

N° XX.

Défaite des Turcs en Hongrie par les Troupes du Roi.

1664.

LE Grand-Visir Coprogli étant entré en Hongrie à la tête de quatre-vingt mille hommes, s'y étoit rendu maître des Places les plus considérables, & portoit la terreur jusqu'à Vienne, quand un corps de Troupes Françoises d'élite, que Louis XIV venoit d'envoyer au secours de l'Allemagne, y fit bientôt changer l'état des affaires. Cinq jours après l'arrivée de ce secours, les Turcs ayant passé le Raab, & taillé en pièces plusieurs régimens des Cercles, se fortifièrent en deçà du fleuve : les François attaquèrent leurs retranchemens, les y forcèrent, & en firent un si grand carnage, qu'ils furent obligés de se retirer précipitamment & d'accepter les conditions de paix qui leur furent offertes : c'est à cet évènement que se rapporte le Médaillon gravé sous ce Numéro. La France y est représentée l'épée à la main, comme venant de vaincre les Turcs qui sont renversés à ses pieds sur le devant du Tableau ; elle avance en même temps son bouclier, dont elle couvre & rassure l'Aigle chancelant de l'Empire.

N° XXI.

La Hollande secourue contre l'Evêque de Munster.

1665.

PEndant que les Hollandois étoient occupés à se défendre contre les Anglois qui leur avoient déclaré la guerre, l'Évêque de Munster entra dans leur pays avec une armée de vingt-cinq mille hommes, & s'y empara de plusieurs Places ; mais Louis XIV, qui, quelque temps auparavant, avoit conclu un traité de garantie avec les États, envoya à leur secours un corps de Troupes, qui repoussa l'Évêque de Munster dans son Territoire, & reprit les Places qu'il avoit conquises. Pour exprimer cet évènement, le Peintre a représenté la France armée, qui, sortant d'une espèce de nuage, se jette entre les deux Puissances, figurées par deux Amazones qui combattent l'une contre l'autre; & prenant ensuite le parti de la Hollande qui paroit la plus foible, elle lui donne l'avantage sur celle qui étoit venue l'attaquer.

N° XXII.

Etablissement de l'Hôtel Royal des Invalides.

1674.

Louis XIV, non content de récompenser dans l'occasion les Gens de guerre qui se distinguoient par leur valeur, voulut leur assurer des jours heureux & tranquilles, quand l'âge ou les blessures les auroient mis hors d'état de continuer le service. Outre l'établissement d'un Ordre Militaire distingué, il se proposa de faire bâtir aux portes de la capitale, un Hôtel Royal d'Invalides, où l'on pourvoiroit abondamment à leurs besoins, & où ils trouveroient, dans le sein même du repos, une douce image de la Guerre, qui avoit fait jusque-là leur principale occupation. Le Peintre de Sa Majesté n'attendit pas que ces projets fussent entièrement exécutés, pour en faire le sujet d'un des Médaillons de la Galerie ; il a donc représenté dans celui-ci le Génie de la France sous la figure d'une femme aîlée, ayant sur la tête une flamme de feu, & à ses côtés une Corne d'abondance : d'une main elle remet une Croix de l'Ordre à un Officier suivi de quelques Soldats, & de l'autre elle leur montre le plan de l'Hôtel Royal des Invalides, qui est entre les mains de Minerve assise à ses côtés.

N° XXIII.

L'Ordre rétabli dans les Finances.

1662.

QUAND Louis XIV prit les rênes du Gouvernement, ses premiers soins se tournèrent du côté de l'administration des Finances, où s'étoient glissés beaucoup d'abus; & c'est ce que le Peintre a exprimé dans ce Médaillon : il y a représenté le Roi tenant d'une main le Gouvernail que vient de lui remettre la France prosternée devant lui, comme pour lui porter ses plaintes de toutes les malversations des Traitans ; de l'autre il tient une clef d'or, pour marquer que désormais il sera lui-même le dispensateur de ses trésors : la Fidélité est à ses pieds, avec des livres de comptes ouverts, une règle & un coffre fort, symboles qui annoncent qu'elle va prendre la place de la Négligence, de l'Avarice & de la Fraude. Dans la partie supérieure de ce Tableau, on voit Minerve armée poursuivant des Harpies qui s'envolent, & qui dans leur fuite, laissent tomber des sacs d'argent qu'elles vouloient emporter; ce qui fait allusion à la Chambre de Justice qui avoit été établie l'année précédente.

N° XXIV.

Protection accordée aux beaux Arts.
1663.

LEs bienfaits de Louis XIV se répandant avec profusion sur tous ceux qui se distinguoient dans les Sciences & dans les Arts, la Peinture, qui, lui est redevable de ses plus grands succès, ne devoit pas oublier un si bel endroit de son règne. Elle a donc représenté dans ce Médaillon, Minerve debout à côté du trône sur lequel le Prince est assis, & l'Éloquence prosternée à ses pieds, portant la parole pour les Muses qui la suivent, & qui s'empressent de rendre hommage à leur auguste protecteur.

N° XXV.

Rétablissement de la Navigation.

1663.

POur exprimer ce que Louis XIV avoit fait en faveur de la Marine & de la Navigation, trop négligées depuis long-temps, le Peintre l'a représenté le Trident à la main, faisant transporter devant lui des balots sur des vaisseaux appareillés dans le port: l'Abondance est près de lui, & on voit à ses pieds divers Corsaires enchaînés; ce qui fait allusion aux différentes Compagnies qu'il avoit formées pour le commerce des Indes, aux richesses que le retour de leurs vaisseaux avoient procurées à la France, & à la défaite des Pirates dont il avoit nettoyé les Mers.

N°. XXVI.

Réformation de la Justice.
1667.

LEs réglemens faits par Louis XIV pour le retranchement des procédures inutiles que la malice des Plaideurs avoit inventées, forment le sujet de ce dernier Médaillon : le Roi y est représenté sur son trône, le sceptre à la main, remettant à des Magistrats ses nouvelles ordonnances; la Justice qui est à ses côtés tient d'une main sa balance, & s'appuye de l'autre sur un faisceau d'armes, qui est le symbole de l'autorité souveraine. On voit sous les marches du trône, la Chicane représentée sous la figure d'une vieille femme sèche & hideuse, étendue sur des sacs de papiers, qui sont le seul bien qui lui reste.

Nos. XXVII, XXVIII, XXIX & XXX.

ON trouvera sous ces quatre Numéros, la représentation de divers ornemens que le Peintre a employés dans les quatre angles de la Galerie, non-seulement pour suppléer avec grace le vuide qu'ils y auroient laissé, mais encore pour servir de raccordement à toutes les espéces de Tableaux qui en remplissent la voûte : les deux premiers, c'est-à-dire, ceux qui sont numérotés XXVII & XXVIII, touchent au salon de la Guerre par lequel on entre dans la Galerie, l'un du côté des appartemens, l'autre du côté des jardins ; les deux derniers, c'est-à-dire, ceux des Numéros XXIX & XXX, sont à l'extrémité opposée, & répondent au salon de la Paix, l'un du côté des mêmes appartemens, & l'autre du côté des jardins, comme on l'a sur-abondamment expliqué au bas de l'Estampe qui représente en détail les ornemens de chacun de ces angles.

N°. XXXI.

Alliance de l'Allemagne & de l'Espagne avec la Hollande.

1672.

CE Tableau placé au cintre de la Galerie du côté du salon de la Guerre, représente l'Allemagne, l'Espagne & la Hollande, sous la figure de trois femmes reconnoissables à leurs attributs, & qui, se prenant la main, semblent se jurer une amitié éternelle : mais le Peintre voulant caractériser les différentes passions qui présidoient à cette alliance, y a introduit d'abord la Timidité sous l'emblème d'un jeune homme sans expérience, & qui tient un Lapin ; puis la Frayeur remarquable à ses cheveux hérissés ; ensuite la Fureur & la Légèreté tout ensemble, sous la figure d'un homme troublé, & qui, armé de la foudre, fend les airs avec des aîles de Papillon ; enfin, la Colère pâle & décharnée, tenant un Coq sous le bras & des verges à la main. Dans un des côtés de ce Tableau, il a représenté l'antre des Cyclopes, où l'on forge des armes à la hâte, symbole des levées tumultueuses qui se faisoient de toutes parts contre la France : de l'autre côté, il a mis une troupe de gens armés, dont les démarches opposées font assez connoître qu'elles sont dirigées par des intérêts tout différens. Le Pavillon qui couvre l'espèce de Tribunal sur lequel les Puissances alliées sont assises, est soûtenu par des cordons attachés à l'architecture feinte, qui, dans ses compartimens, laisse voir un ciel ouvert où sont représentés les grands sujets, & les deux petits Tableaux qui se raccordent avec les cintres des deux bouts de la Galerie.

N°. XXXII.

Renommées qui vont répandre la gloire du Roi.

DE la région du ciel qu'on entrevoit au dessus du Tableau qu'on vient de décrire, partent des Renommées & des Victoires aîlées, qui annoncent que la rapidité des conquêtes de Louis XIV va remplir l'Univers du bruit de son nom. Quoique ce morceau doive être regardé comme faisant essentiellement partie du Tableau précédent, il n'a pas été possible de l'y joindre dans la gravûre, à cause de sa position que le Peintre a ménagée d'une façon singulière pour lier plus heureusement tous ses sujets à la voûte de la Galerie.

N°. XXXIII.

La Hollande accepte la Paix & se détache de l'Allemagne & de l'Espagne.

1678.

APRÉS avoir représenté dans le cintre du bout de la Galerie qui touche au salon de la Guerre, l'alliance de la Hollande avec l'Allemagne & l'Espagne, le Peintre a fait voir dans celui-ci, qui répond au salon de la Paix, de quelle manière ces trois Puissances se desunirent ; on les revoit donc dans ce Tableau sur le même tribunal & avec les mêmes attributs, mais dans des attitudes & des si-

46 LA GRANDE GALERIE
tuations toutes différentes. La Hollande qui s'étoit trouvée la première engagée dans la Guerre, & qui y avoit engagé les deux autres, est aussi la première à se détacher de ses compagnes, malgré le vain orgueil qui semble l'arrêter, en lui exposant qu'elle a encore un grand nombre de Vaisseaux & de Soldats à sa disposition ; l'Allemagne paroît surprise & consternée de la démarche de la Hollande, que l'Aigle Impérial s'efforce de retenir : l'Espagne dont le Lion se roule & rugit à ses pieds, est émûe par les nouvelles que lui apporte la Renommée ; elle voit ses Soldats en fuite, & son effroi augmente à l'aspect de la Foudre qui tombe sur l'antre des Cyclopes, où se forgeoient les armes des Troupes confédérées.

N°. XXXIV.

Mercure & la Paix descendant du Ciel.

CE Tableau fait partie du précédent, & on a été obligé de l'en séparer dans la gravûre ; par les mêmes raisons qu'on a rapportées, en décrivant celui du

Numéro XXXII. Le Peintre y a représenté Mercure descendant du Ciel avec une branche d'Olivier, & la Paix avec les Jeux & les Ris, figurés par de jeunes Enfans qui répandent des fleurs.

N°. XXXV.

Coupole du Salon de la Guerre.

ON a déjà eu plus d'une fois occasion de parler des deux salons qui accompagnent la Galerie de Versailles, appelés, l'un le salon de la Guerre, qui est celui par lequel on entre, l'autre le salon de la Paix, qui est celui qui la termine du côté des appartemens de la Reine : ces deux salons sont quarrés sur la largeur de la Galerie qui est de cinq toises; ils sont décorés de même, & éclairés chacun de six croisées en retour. Dans la coupole du salon de la Guerre dont il s'agit ici, la France est peinte portée sur un nuage, tenant d'une main la Foudre & de l'autre un Bouclier, sur lequel est le portrait de Louis XIV; elle est environnée de Victoires en différentes positions : les unes tiennent des Tableaux qui représentent les succès des dernières campagnes, les autres portent des Étendards où l'on voit les armes des Puissances vaincues; les unes sont chargées de Palmes & de Couronnes de laurier, les autres de Trophées: il en est une qui paroît tranquillement assise sur un monceau d'armes, ayant entre ses mains les armes de la ville de Strasbourg, pour marquer que sa réduction se fit sans violence.

N° XXXVI.

Bellone en fureur,

Cintre du salon de la Guerre, en face des appartemens.

LA coupole du salon de la Guerre que l'on vient de décrire, est accompagnée de quatre autres Tableaux en cintres: dans le premier qui est sous ce Numéro, on voit Bellone en fureur, qui, tenant d'une main son épée & de l'autre son bouclier, est prête à s'élancer de son char traîné par des Chevaux fougueux qui foulent à leurs pieds tout ce qui se rencontre sur leur passage; près d'elle est la

Discorde, qui, avec ses flambeaux, embrase des Temples & des Palais: déjà la Balance de Thémis, les Autels, les Vases sacrés, la Religion même sont renversés; la Charité s'enfuit avec un enfant qu'elle tient dans ses bras, & il n'y a rien dans ce morceau qui ne marque les horreurs de la guerre.

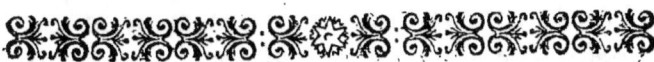

N° XXXVII.

L'Allemagne,

Cintre du salon de la Guerre.

DANS les trois autres Tableaux en cintre qui accompagnent la coupole du salon de la Guerre, le Peintre a représenté l'état des trois Puissances qui étoient alors liguées contre la France, l'Allemagne, l'Espagne & la Hollande: celui-ci regarde l'Allemagne, qu'on y voit assise sur un monceau d'armes, se couvrant de son bouclier qu'elle tient de la main gauche, & s'appuyant de la droite sur sa couronne qu'elle veut défendre; la frayeur dont elle paroit saisie, se communique à l'Aigle qui est auprès d'elle;

50 LA GRANDE GALERIE

un Légionnaire portant l'Étendard de l'Empire pour venir à son secours, & les trompettes qui sonnent l'alarme pour lui rassembler des Troupes, ne sont pas plus assurés dans leur démarche : un Soldat qui est de l'autre côté, la pique levée, fait de vains efforts pour la défendre ; on en voit plusieurs qui prennent la fuite, & un plus grand nombre encore de morts ou de renversés sur des canons, des casques & autres débris.

N°. XXXVIII.

L'Espagne,

Cintre du salon de la Guerre, en face de la Galerie.

CETTE Puissance est représentée assise, comme la précédente, sur un monceau d'armes de toute espèce : elle tient des deux mains une pique dont elle semble menacer la France, & son Lion se dresse en rugissant ; mais on remarque aisément sa foiblesse à l'étonnement & à la fuite de ses Soldats, entre lesquels celui qui porte l'Étendard de Castille est atteint de la foudre : il en est d'autres de différentes couleurs, ou chargés de différentes armoiries, qui désignent les Princes qui, en cette occasion, joignirent leurs forces à celles de l'Espagne ; & pour marquer la résistance que firent quelques-unes de ses Places, le Peintre a mis un mortier sur le devant du Tableau, & dans le lointain des forteresses qui font feu de toutes parts.

✶✶✶✶✶✶✶✶✶✶✶✶✶✶✶✶✶✶✶✶✶✶✶✶✶✶✶✶

No XXXIX.

La Hollande,

Cintre du salon de la Guerre, sur l'arcade qui donne entrée dans la Galerie.

LE Peintre a choisi cet endroit le plus exposé aux traits de la foudre qui part de la coupole du salon de la Guerre, pour y placer la Hollande, qui fut celle qui en souffrit le plus : elle se couvre en vain de son bouclier ; un éclat de tonnerre la renverse sur son Lion, qui, d'effroi, laisse échapper une partie de ses flèches : le Légionnaire qui porte l'étendard de l'État, a la moitié du corps dans l'eau ; près de lui on voit un vaisseau que la Mer

52 LA GRANDE GALERIE
engloutit, avec son équipage & ses marchandises ; de l'autre côté sont des Soldats foudroyés, des Vaisseaux en feu, & tout ce qui peut marquer la situation où cette Puissance fut réduite, & la malheureuse nécessité où elle se trouva de s'inonder elle-même.

N°s. XL, XLI, XLII, XLIII.

ON a représenté sous ces quatre Numéros les ornemens des quatre angles du salon de la Guerre, comme on a vû ceux de la Galerie sous les Numéros XXVII, XXVIII, XXIX & XXX : ceux-ci sont principalement composés d'un globe aux armes de France, placé entre deux trophées de relief & de stuc doré ; on voit au dessus des Enfans qui sonnent de la trompette, & qui soûtiennent des cartouches ornés de la devise adoptée par Louis ›› IV, qui étoit un soleil rayonnant avec ces mots, *NEC PLURIBUS IMPAR*.

No. XLIV.

Coupole du salon de la Paix.

LE salon de la Paix, qui est à l'autre extrémité de la Galerie, en opposition à celui de la Guerre, offre dans la peinture de sa coupole un spectacle tout différent: on y voit d'abord la France, qui, revêtue du Manteau royal, la Couronne sur la tête, tenant d'une main le bouclier de ses armes, & de l'autre son sceptre, traverse les airs sur un char tiré par quatre Tourterelles que deux Amours viennent de mettre sous le joug ; elles ont chacune des espèces de médailles pendues au cou, les unes aux armes de France & de Bavière, les autres aux armes de France & de Castille, pour désigner le mariage de M. le Dauphin avec la Princesse de Bavière, & celui de Mademoiselle avec Charles II Roi d'Espagne : plus bas, un troisième Amour lie avec des guirlandes de fleurs deux autres Tourterelles qui portent de même des médailles aux armes de France & de Savoie, pour faire une semblable allusion au mariage de Mademoiselle d'Orléans avec

Victor Amé II, Duc de Savoie, l'Hyménée tenant son flambeau & accompagné des Graces qui le couronnent, est placé entre le char & les Amours qui l'attèlent, & la Gloire qui est au dessus, met sur la tête de la France le cercle de l'Immortalité : la Paix tenant son caducée, semble partir de dessus le char même pour aller rétablir le calme chez les peuples voisins ; & l'Abondance qui est de l'autre côté, tire des festons de fleurs d'une corbeille posée sur la tête d'un Amour : au dessous du char, on voit l'allégresse publique, représentée sous la figure d'une jeune Bacchante qui d'une main tient des castagnettes, & de l'autre un tambour de Basque, & près d'elle un Amour, qui joue d'une cymbale à l'antique. Dans un autre côté du Tableau on voit l'Autorité souveraine, poursuivant avec un faisceau d'armes la Discorde & l'Envie qui tombent à ses pieds. Plus loin, la Religion accompagnée de l'Innocence, & l'Hérésie avec son masque & ses livres, renversée au pied d'un autel sur lequel brûle le feu sacré. Enfin, la Magnificence représentée sous la figure d'une Femme couronnée de rayons, environnées des instrumens des

DE VERSAILLES.

Arts de diverses Cornes d'abondance, de Sceptres même & de Couronnes, & qui semble montrer à la France de superbes plans d'édifices.

※※※※※※※※※※※※

Nº. XLV.

L'Europe chrétienne en paix.

Cintre du salon de la Paix, du côté des appartamens de la Reine.

LA coupole du salon de la Paix, est, comme celle du salon de la Guerre, accompagnée de quatre Tableaux en cintre, dont le premier, qui est celui dont il s'agit, représente l'Europe assise sur un monceau d'armes Ottomanes, tenant d'une main la Tiare pontificale, & de l'autre une corne d'abondance. A sa droite est la Justice avec ses attributs ordinaires, qui sont la Balance & l'Épée, & ayant de plus sur la tête une étoile qui marque son origine céleste; près d'elles sont les Génies des Arts qui reprennent leurs différens exercices. De l'autre côté on voit la Piété, qui d'une main élève vers le ciel une cassolette fumante, & de l'autre tient une bourse ouverte qu'elle présente à des Enfans qui sont à ses pieds. Sur la même ligne on voit d'autres enfans qui lisent ou prient au pied d'un autel sur lequel brûle le feu sacré ; & dans le lointain, sous de grands arbres, partie d'un Temple de belle architecture, par lequel on croit que le Peintre a voulu exprimer que la Paix repeuploit les Monastères que la Guerre avoit rendu déserts.

N°. XLVI.

L'Allemagne,

Cintre du salon de la Paix, en face de la Galerie.

L'Allemagne qu'on a vûe dans un des cintres de la coupole du salon de la Guerre, dans un état d'abattement & de détresse, paroît ici dans une toute autre situation ; elle est comblée de joie à l'aspect d'un Génie qui vient à elle, tenant d'une main un rameau d'olivier qui lui annonce la Paix, & de l'autre une branche de laurier pour les victoires que le secours de la France lui a aidé à remporter sur les Infidèles : ses peuples épars remercient le ciel de tant d'avantages, & paroissent chargés des dépouilles des Turcs dont ils ont formé un trophée ; près duquel est l'étendard de Mahomet gagné par Jean Sobiesky Roi de Pologne. L'autre partie du Tableau est remplie par des gens de tout âge sèxe & condition, qui se livrent à la joie que de si heureux succès leur inspirent.

N°. XLVII.

L'Espagne,

Cintre du salon de la Paix, sur l'arcade de la Galerie.

L'Espagne est représentée dans une espèce d'extase à la vûe d'un Génie descendant du Ciel, & venant à elle un rameau d'olivier à la main : le lion qui est son symbole ordinaire, loin d'être inquiet & rugissant comme dans les Tableaux précédens, est tout-à-fait tranquille dans celui-ci. Le bonheur de l'Espagne est encore exprimé par des danses, & des feux où des Enfans s'empressent de jetter des armes & des drapeaux : on en voit un entre autres ; qui, à moitié couché sur un canon paroît chanter au son de sa guitare, tandis que d'autres jouent avec des armes qui sont par terre, mêlées avec divers instrumens de Musique.

+++

N°. XLVIII.

La Hollande,

Cintre du salon de la Paix, en face des appartemens de la Reine.

POUR achever le contraste des Tableaux en cintre du salon de la Guerre avec ceux du salon de la Paix, il ne restoit plus qu'à y représenter la Hollande heureuse & tranquille; on la voit ici recevant à genoux sur son bouclier une partie de ses flêches, qu'un Génie lui rapporte mêlées avec des branches d'olivier, & qui désignent les provinces qui avoient été conquises sur elle, & que la Paix venoit de lui rendre: son Lion avec lequel deux Enfans se jouent, n'a plus rien de farouche: ses Magistrats à genoux rendent au Ciel des actions de graces; & le rétablissement de son commerce est marqué par les peuples qu'on voit occupés à construire, à équiper, ou à charger des Vaisseaux.

Nos XLIX, L, LI, LII.

ON a mis sous ces quatre derniers Numéros, les ornemens que le Peintre a placés dans les quatre angles du salon de la paix, comme dans ceux du salon de la Guerre & de la Galerie même, pour remplir le vuide qui y seroit resté, & pour servir de raccordement aux Tableaux. Les ornemens de ces quatre derniers angles consistent d'abord en une lyre couronnée, à laquelle deux Caducées & deux Cornes d'abondance servent de base. Au dessus de cette lyre couronnée on voit alternativement d'angle en angle, les armes de France & celles de Navarre, dans des cartouches qui ont en maniére de supports, deux Génies ou Enfans aîlés; dont l'un tient un sceptre, & l'autre une main de justice; le tout accompagné de festons, de fleurs & de fruits.

C'est ici le lieu d'observer que la décoration de toute l'architecture intérieure de la Galerie, a été exécutée d'après les desseins de M. le Brun, & qu'il l'a employée à deux objets essentiels, dont l'un étoit d'établir un nouveau genre d'harmonie entre tous ses Tableaux, quoiqu'aussi différens par leur forme & par leur étendue, que par la nature des sujets qui y sont traités; l'autre, d'augmenter considérablement la beauté du coup d'œil de l'ensemble, dont le Numéro I présente l'idée la plus exacte que la Gravûre puisse donner.

F I N.

www.ingramcontent.com/pod-product-compliance
Lightning Source LLC
LaVergne TN
LVHW021722080426
835510LV00010B/1094